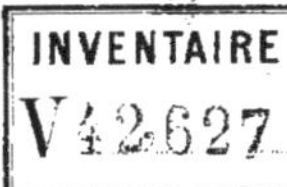

PEINTURE

EN

ÉMAIL SUR LAVE

SA RAISON D'ÊTRE

ET SA

DÉFENSE CONTRE LES OBSTACLES OPPOSÉS A SON ADOPTION

PAR

J. JOLLIVET

PEINTRE D'HISTOIRE

PARIS
IMPRIMERIE DE A. WITTERSHEIM
8, RUE MONTMORENCY

1862

PEINTURE

EN

ÉMAIL SUR LAVE

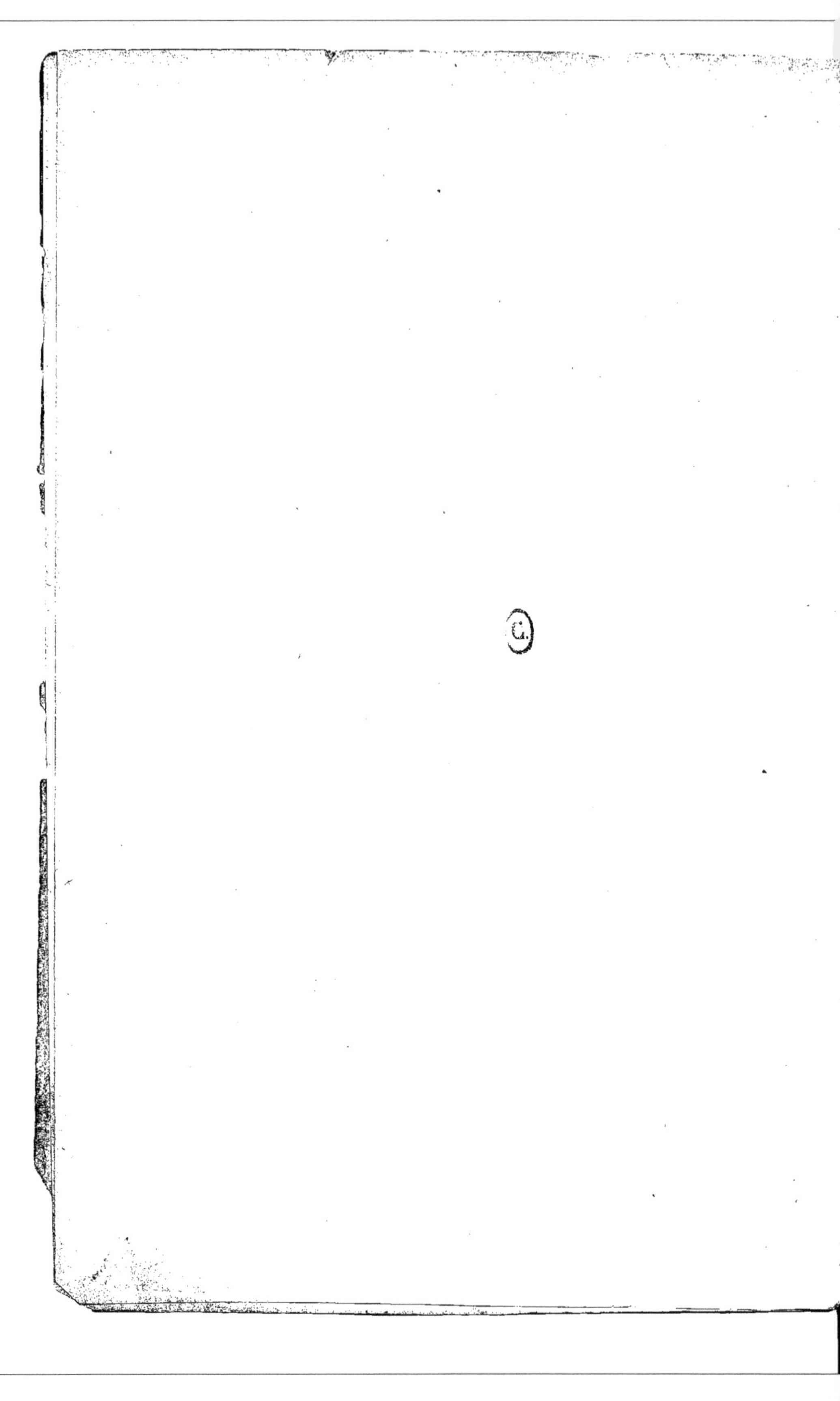

PEINTURE

EN

ÉMAIL SUR LAVE

SA RAISON D'ÊTRE

ET SA

DÉFENSE CONTRE LES OBSTACLES OPPOSÉS A SON ADOPTION

PAR

J. JOLLIVET

PEINTRE D'HISTOIRE

PARIS

IMPRIMERIE DE A. WITTERSHEIM

8, RUE MONTMORENCY

—

1862

AVERTISSEMENT

La peinture en émail sur lave avait, il y a bien des années, rencontré un ardent défenseur. On l'accusa de plaider une cause dans un intérêt de boutique, et il crut devoir s'en défendre.

Il en sera peut-être de même aujourd'hui, et, sans examiner s'il serait plus ou moins reprochable de provoquer dans un double but la vulgarisation d'une découverte réellement précieuse pour l'art, j'affirme que je suis toujours resté étranger à son exploitation, et je renouvelle cette déclaration que je n'ai aucun titre à son invention.

J'affirme, en outre, que je n'ai jamais considéré la peinture en émail sur lave comme une usurpatrice jalouse de s'emparer de la place de tous les autres procédés en usage. Quelle que soit l'étendue de ses ressources connues et de celles que je prévois encore, elles ne suffiraient pas à tous les besoins de la peinture.

Léonard de Vinci, Raphaël n'auraient pas employé la peinture en émail sur lave pour produire *la Joconde* ou *la Vierge au voile*, mais ils l'auraient mise en pratique lorsqu'ils confiaient aux murs la Cène de Milan et les peintures du Vatican; le Titien n'y aurait pas eu recours pour exécuter ses magnifiques portraits, mais il l'aurait employée dans son *Christ au tombeau*. Je borne là ces exemples, non pas pour indiquer des limites, mais pour faire entrevoir les applications qu'on peut faire d'un procédé qui assure la durée des œuvres de la peinture.

L'inconcevable abandon de la peinture en émail sur lave, le discrédit qui s'est étendu sur elle, m'en ont fait malgré moi le tuteur. Cette position m'impose un devoir auquel je ne faillirai pas.

En accompagnant de ce petit écrit un nouvel exemple de cette découverte, que l'effacement du premier m'obligeait à produire, je ne me suis pas dissimulé les difficultés que j'avais à combattre.

En effet, il me faut résister à des attaques qui fuient la rencontre, à des assertions qui sont anonymes; il me faut lutter contre des projets désastreux dont la paternité n'est pas publiquement avouée, et contre une résistance qui se met à l'abri de l'impassible force d'inertie.

On pourrait donc me soupçonner d'argumenter sur des hypothèses arbitrairement imaginées pour me faire la partie belle, mais je déclare ici que, si j'y étais forcé, je fournirais la preuve de la réalité de tout ce que j'avance.

Le 25 septembre 1862.

J. JOLLIVET.

PEINTURE

EN

ÉMAIL SUR LAVE

L'enlèvement inattendu des peintures qui décoraient le porche de Saint-Vincent-de-Paul a donné lieu à des suppositions bien diverses sur les causes de cet acte.

Je n'ai pas à revenir ici sur ce que j'en ai dit dans une brochure que je ne pouvais me dispenser d'écrire, et je veux ignorer encore le but qu'on se proposait d'atteindre. Mais, que ce fût le choix des sujets, le principe de la coloration extérieure, ou l'avénement du procédé qu'on voulût condamner, il n'en est pas moins résulté que la destruction de la décoration extérieure du porche de Saint-Vincent-de-Paul a entraîné la disparition du plus important exemple, qui jusque-là avait été mis sous les yeux du public, des ressources qu'offrait aux artistes le procédé de la peinture en émail sur lave, et j'ai certainement le droit de le remplacer par un autre. Je ne crois pas me tromper en l'appelant plutôt un devoir, puisqu'il s'agit de propager un progrès utile à l'art et honorable pour mon pays.

Peu importe que quelques esprits timorés proclament la sagesse de l'immobilité, l'art ne leur appartient pas tout entier; il repousse cet excès de prudence, il aspire à l'immortalité de ses œuvres, et, pour atteindre son but, il recherche et s'empare de toutes les ressources qui promettent de prolonger l'existence des gardiennes trop périssables de ses principes éternels et des progrès qu'il a réalisés.

La peinture la moins bien partagée des trois sœurs a vu périr les exemples qu'elle nous avait destinés au plus beau temps de sa gloire, et chacun de ses enfants, presque dès sa naissance, porte sur son front le signe de sa mortalité. Soucieuse et inquiète comme une mère deshéritée, elle est sans cesse à la recherche d'un appui pour sa postérité chancelante; elle se soumet au gré des matières. Tantôt humble et modeste, elle confie ses œuvres à l'infidèle détrempe; tantôt, austère, à la fresque; plus ambitieuse, à la cire, dont les promesses sont douteuses; mais, quels que soient ses sacrifices et les trésors qu'elle abandonne, elle ne peut apaiser les colères du temps. Enfin, après un long sommeil, elle rencontre sur sa route le procédé de Van Eyck; et, s'il n'est pas nécessaire de rappeler ici la part de la peinture à l'huile dans la renaissance de la peinture, il n'est pas inutile de remarquer la nature de l'esprit des artistes qui s'en sont emparé.

Ces nobles artisans du progrès dont nous profitons aujourd'hui ne se contentaient pas de suivre d'étroits sentiers battus, ils élargissaient sans cesse la route de l'art, et la peinture, à l'aise, y semait ces beaux germes que fertilisèrent les grands maîtres qui s'appellent Raphaël et le Titien. Mais cette immortalité, ambitionnée par la peinture, espérée par ces princes du dessin et de la couleur, n'était réelle que dans les souvenirs mérités; elle n'était pas encore celle qui convient aux conquêtes du génie, qui, pour le bien du monde, ne se contente pas seulement de monuments plus durables que par le passé, mais qui aspire à laisser des exemples que le temps ne peut effacer, et, sous ce rapport, la peinture à l'huile ne suffisait pas encore à satisfaire l'art.

En effet, Raphaël et le Titien sont nos guides, à nous peintres comme eux; mais leurs ouvrages, qui n'ont pas atteint quatre siècles, ne nous sont parvenus que flétris, ou du moins ils portent la trace des signes précurseurs d'une destruction prochaine, tandis que Phidias et Pratixèle, les maîtres de nos confrères les sculpteurs, leur ont légué des œuvres qui, malgré des mutilations dont on ne peut accuser le temps, conservent leur jeunesse première. Pourquoi? Parce que dans les parts inégales faites à deux arts jumeaux, l'un a trouvé dans la nature la matière protectrice et l'autre doit la créer. Mais cela est-il encore à faire? On peut répondre: Non. La peinture en émail sur lave, due aux laborieuses recherches de deux modestes artistes qui n'ont laissé que leurs noms, Mortelèque et Hachette, est enfin venue de nos jours pour combler la lacune que la peinture à l'huile, si profitable d'ailleurs aux progrès de notre art, n'avait pu effacer. Désormais, les œuvres des maîtres écloses parmi nous seraient donc abritées sous de durables émaux, et, pour les revêtir d'une immortalité jusqu'à nos jours infructueusement cherchée, leurs auteurs n'auraient rien à céder de la palette de Van Eyck, rien à perdre des moyens conquis sur la fresque, c'est-à-dire rien à retrancher des ébauches, des empâtements, des glacis; rien à redouter de la pernicieuse et incessante action des huiles et des séduisants effets des vernis. Ils n'auraient pas à tempérer la rapidité de la fresque, à amoindrir la largeur et la sévérité des pages de la chapelle Sixtine; rien à craindre de ces dépouillements de murs qui affligent la vue dans le *Campo Santo*, de ces menaces qui bientôt seront réalisées dans les stances du Vatican, et des inintelligentes retouches qui deux fois déjà ont déshonoré les Loges. Mais ce n'est pas contre le temps seul que la peinture en émail sur lave avait à lutter; elle a mal choisi son époque, elle a tardé de quatre siècles à paraître; elle devait arriver lorsque les artistes, ardents à s'emparer des ressources de l'art, ne redoutaient ni les travaux ni les peines pour s'instruire et pour accumuler les moyens de former de nouveau l'alliance de trois sœurs égarées dans l'obscurité qui, pendant plus de *dix* siècles, s'était étendue sur le monde.

Elle devait croire cependant que les heures étaient propices. Les esprits bouillonnaient pour enfanter les merveilles dont nous sommes témoins; mais parmi la mêlée active, on ne reconnaissait pas ceux qui répandirent tant de lumière autour d'eux, lorsque l'art renaquit de ses cendres. Alors il n'était pas un artiste célèbre qui ne réunît les études du peintre, de l'architecte et du sculpteur, qui ne les étendît au delà. Giotto, en même temps, élevait la Campanile de Florence et décorait le Champ-de-Repos de Pise; Léonard de Vinci caraissait la ravissante image de Joconde, fortifiait les villes, explorait les vieux manuscrits dépositaires des conquêtes de la science antique; Michel-Ange élevait le dôme de la métropole du monde, retrouvait dans le marbre l'imposante figure du législateur d'Israël et fixait sur les murs de la chapelle Sixtine le terrible spectacle du jugement dernier....

Il n'en est plus de même aujourd'hui, et la spécialité, qui n'est qu'un aveu d'impuissance ou seulement de paresse, a pénétré jusque dans les retraites de l'art, et sa besogne commode complaisamment rétrécit l'espace que l'art aurait à parcourir. A la porte d'un atelier spécial, le progrès s'arrête, et l'artiste lui dit : « Pour toi, je n'ai pas de place. Qu'ai-je besoin de toi ? Ce que j'ai reçu de la veille me suffit le lendemain, dans le cadre où je me suis enfermé. Peintre, j'ai sous ma main ma palette, mes huiles, mes pinceaux, mes couleurs; avec eux j'ai gagné ma gloire, mes richesses ou mon pain du jour, et mes études sont finies. »

Mais peut-être que je suis injuste en accusant les peintres d'une immobilité qui n'est pas absolue. Ils obéissent à la mode, et la mode capricieuse les conduit ou plutôt les ramène dans de vieux chemins parcourus. En sortant des boudoirs d'une époque frivole, ils avaient rencontré les exemples, non pas des peintres de la Grèce, le temps les avait effacés, mais de leurs frères les sculpteurs. Ils se mirent à leur suite, et ne se contentèrent pas longtemps d'écouter leurs conseils, mais bientôt ils fixèrent sur la toile, en les habillant de couleurs, les marbres que d'autres avaient déjà animés. Puis ils s'en furent à Venise, en rapportèrent ses chatoyantes étoffes, poussèrent jusqu'en Hollande, où ils consultèrent les secrets de faire jouer la lumière, et, revenant sur leurs pas, se dirigèrent vers Rome, où, dans le Vatican, ils recueillirent les leçons des maîtres qui l'ont illustré. Arrivés au sommet de l'art, où le plus célèbre de nos peintres a établi sa demeure, ils avaient laissé sur la route des glaneurs satisfaits qui cultivèrent avec plus ou moins de bonheur le champ où ils s'étaient arrêtés. Mais cela ne suffisait pas encore aux désirs d'un public blasé par les choses nouvelles que la science et l'industrie offraient chaque jour à ses yeux. La science et l'industrie marchaient en avant, et l'art, pour ne pas s'arrêter, retourna sur ses pas. De Rome, il s'en fut à Pérouse; mais Pérouse était trop près de Rome, et d'ailleurs, il avait traversé Assise, il explora Florence et Pise, et, de retour de son voyage, il tenta le mélange des premiers et des derniers fruits de la Renaissance, et peut-être encore des souvenirs bien effacés de l'art payen et des œuvres écloses sous l'influence des premiers enseignements chrétiens. Peut-être arrivera-t-il un jour où, persistant dans ses excursions rétrogrades, il ira chercher encore d'autres routes dans les labyrinthes des Catacombes, où il s'endormira de nouveau.

Ces reproches d'immobilité ne seraient pas justifiés, puisque l'art s'est revêtu et se revêt constamment de différents caractères; mais ils sont mérités d'autre part, puisque, dans ses voyages, apercevant partout la stérilité des efforts que sans cesse il a faits pour assurer à ses œuvres une immortalité désirée, non-seulement il n'a plus rien tenté, mais il repousse le progrès qui de nos jours vient la lui apporter. Et pourtant, il avait sous les yeux des éléments certains, mais insuffisamment employés, et les débris des mosaïques qui furent utilisées autrefois au profit de la peinture sur verre ne lui ont pas révélé la matière qui résiste aux injures du temps; et quand la peinture en émail sur lave vient lui offrir un moyen puisé à la même source, il ne s'aperçoit pas qu'elle a résolu le problème qui certainement s'est présenté à lui, de confier ses ouvrages à la mosaïque exécutée par ses propres pinceaux.

Si, sous les voûtes de Saint-Marc, sur la face d'Orvieto, les touches se sont détachées, l'éclat de leurs couleurs ne s'est pas altéré; si donc ces mêmes touches sont devenues inséparables, une œuvre tout entière, et cette fois originale, de même que des débris informes, bravera les injures du temps.

Mais je me plains, je crois, à juste titre, non pas de la spécialité que chaque artiste, selon ses goûts et ses aptitudes préfère, nos mœurs, nos habitudes, notre éducation l'imposent, mais de cette spécialité qui ferme sa porte aux nouveaux procédés profitables à l'art; et si l'on tentait d'opposer à ma plainte l'emploi que l'on fait aujourd'hui de la cire, à tout le moins incertaine, je demande pourquoi l'on s'arrête avant d'atteindre un but qui, de lui-même, vient au devant de nous.

Déjà j'avais répondu à un confrère en renom qui me reprochait de chercher autre chose que ce que nous avions, — la peinture à l'huile — : « Vous me demandez pourquoi j'accepte et je veux propager l'usage de la peinture en émail sur lave, le voici : pendant quatre cents ans, ou plus peut-être, et peut-être aussi beaucoup moins, vos œuvres seront l'exemple de l'état de la peinture de nos jours; les miennes, qui leur sont inférieures, auront conservé l'éclat de leur première jeunesse; voulez-vous que ce soit vous ou moi qui portions témoignage à la postérité infinie de ce que nous avons fait de l'art? Mais l'avenir est loin de nous.

« Je ne sais pas prévoir les malheurs de si loin. » Telle fut sans doute la pensée qui traversa l'esprit de mon interlocuteur, et je suis resté seul à me servir du procédé.

C'est ainsi que je me suis trouvé dépositaire et tuteur de la peinture en émail sur lave, et, lorsque des circonstances fatales ont fait disparaître l'exemple que j'avais donné de ses ressources, j'ai cru que ce serait une honte pour moi de la laisser à l'abandon. C'est pourquoi, reconnaissant l'insuffisance de confier seulement au papier une découverte dont on nous demandera compte un jour, j'ai voulu l'accompagner d'un exemple nouveau afin qu'à défaut de moi, dont les jours sont comptés, il puisse éclairer la pratique qu'il ne suffit pas d'écrire dans un livre.

> « Ma veggendo tu lavorare, e praticare la mano, ti farrebe piu avidente che vederlo per iscrittura. »

Malgré mes pressantes offres, il ne m'a pas été donné l'occasion de travailler devant mes confrères, une puissance occulte semblait les éloigner de moi. Il en fut un cependant, mais engagé dans des travaux importants auxquels succéda plus tard une mission fructueuse pour l'art; il ne put employer qu'une fois un procédé qui, dans l'usage qu'il en fit et le résultat qu'il en obtint, confirma toutes mes assertions et répondit à ses espérances.

Mais, quelque cruel que soit mon isolement, quel qu'ait été le silence qui répondit à mes plaintes, j'accomplirai un devoir que m'impose l'intérêt de l'art et que me dicte la loi de la société, qui veut que chaque époque apporte à l'avenir le compte de ses progrès, et je ne veux pas, un jour, invoquer pour excuse d'une défection qu'on provoque et qu'on n'obtiendra pas, d'ailleurs, les ennuis, les chagrins, les blessures que m'ont faites, je ne dirai pas des ennemis, mais d'ignorantes préventions trop légèrement acceptées.

Cependant si, comme je dois le penser, je n'ai pas d'ennemis, j'ai rencontré du moins d'opiniâtres adversaires.

Je ne les accuse ni de méchanceté ni d'envie, leur caractère me paraît doux et ma place parmi eux ne leur porte pas d'ombrage; mais ils sont craintifs d'une chose nouvelle, et l'obligation imaginaire d'un complément d'étude les effraye et leur fait accueillir, sans réfléchir assez, les conseils d'amis trop dévoués qui, les voyant grandir dans le calme et la quiétude des habitudes prises, ne veulent pas que, sur une route aplanie par des succès mérités, leurs pas assurés se heurtent contre des gênes inconnues.

Parmi eux l'infortuné Dominique n'aurait pas rencontré un odieux ami trop jaloux d'un secret partagé, mais un confident ennuyé qui eût enfoui un trésor dont l'art n'aurait profité qu'en troublant sa commode routine.

J'ai dit ce qu'étaient les ardeurs des artistes d'autrefois; aujourd'hui, ne serait-ce plus l'art qu'on aime? Je n'oserais le penser, mais je crains qu'on ne sache pas l'aimer assez pour lui-même. A ces moyens expéditifs empruntés à des collaborations mercenaires qui ne sont pas toujours des leçons mises en pratique sous les yeux du maître, à ces concessions de temps sollicitées par des Médicis impatients, on croirait reconnaître l'époque où les maîtres de la décadence ouvraient aux richesses des voies faciles, et n'aurait-on pas l'air de craindre qu'elles ne soient encombrées par des méthodes nouvelles? On serait tenté de le croire à la vue de la sentinelle qui les garde contre une invasion redoutée; elle ne tient pas dans sa main l'arme d'un Andréa, mais sa voix est perfide et son onctueuse parole détourne, au nom de la prudence, la marche d'une découverte qui, si elle dispute au temps destructeur les délicates productions de la peinture, n'accorderait son bénéfice qu'au détriment des habitudes prises.

Mais cette parole persuasive est menteuse, et, avant d'en fournir la preuve matérielle, je dois rappeler ses discours.

Elle dit aux artistes : « Certes, la peinture sur lave est une merveilleuse découverte, ses résultats sont précieux, — mais — elle est pleine de déceptions. Les couleurs sont trompeuses; elles sont infidèles, et l'opération qui les incorpore au subjectile où elles ont été déposées exige l'intervention du feu, auxiliaire capricieux et brutal qui les transforme à sa guise ou brise en morceaux tout l'ouvrage. Le fruit de longs et de fatigants travaux est alors perdu tout à coup, et, si l'on est armé d'un assez grand courage pour les recommencer, il faut de nouveau s'exposer, pendant des mois, des années, selon la durée du travail, aux exhalaisons perfides de véhicules qui, d'autre part, sont à peine assez puissants pour arrêter sur une surface glissante de pesantes couleurs, ou pour les garantir, après leur dessiccation, contre le moindre contact, car, avant qu'elle soit inaltérable, il faut transporter l'œuvre de l'atelier du peintre aux fournaux et trembler pendant les voyages répétés d'un objet délicat et lourd qu'une main malhabile flétrirait au moindre contact.

» Il faut enfin passer des heures anxieuses et des nuits sans sommeil dans l'attente des bénéfices ou des ravages du feu.

» Enfin cette faculté, qui fait son mérite, de fixer d'une manière indélébile le travail de l'artiste, impose une rapidité, une sûreté d'exécution, interdit les tâtonnements et les repentirs, conditions rigoureuses qui ne conviennent pas à tous les talents.

» Certainement, sa coloration riche, brillante et solide, ne permet pas de proscrire du domaine de l'art la peinture en émail sur lave; — mais, — pour concilier les avantages qu'elle promet avec les obstacles qu'elle oppose aux artistes, il convient de faire deux parts dans la production d'une œuvre en émail sur lave : l'une appartiendra au génie qui fait éclore la pensée, qui l'écrira sur un carton où les ratures sont permises; l'autre au copiste mercenaire qui, versé dans un métier bien appris, sera plus apte à se servir d'un procédé qui exige des connaissances spéciales, c'est-à-dire étrangères aux études habituelles des artistes. »

Puis, afin d'atténuer les souvenirs qui pourraient être restés d'une œuvre originale détruite, cette parole habile ajoute : « La réussite des peintures de Saint-Vincent-de-Paul n'est pas, nous l'avouons, contestable sous le rapport du procédé, — mais — cet exemple exceptionnel ne doit pas être invoqué, parce que l'auteur avait pu joindre à une habileté personnelle la pratique éclairée par une science qui s'acquiert dans le laboratoire de la chimie. »

Il serait vraiment difficile d'allier avec plus d'adresse l'éloge à la condamnation, et, si je m'en afflige, je ne m'étonne pas de l'influence des préventions qui se sont répandues par de pareils moyens.

Mais si, pour affirmer une sincérité que je ne reconnais pas sous le travestissement d'une analyse de ce que j'ai écrit sur les procédés matériels de la peinture en émail, on invoquait les avertissements que j'ai donnés moi-même, j'opposerais ce que j'ai dit également au sujet de la peinture à l'huile, que je ne veux pas certainement écarter de la pratique de l'art.

En présence des résistances incompréhensibles que je rencontre, je suppose un instant que nous vivons à l'époque où naquit le procédé de Van Eyck, que nous ne connaissons que la peinture à l'œuf ou à la fresque, et que, seul possesseur du secret de la peinture à l'huile, je le révèle en ces termes : ce procédé va désormais dévoiler l'éclat inconnu des couleurs ; enfermées dans une pâte onctueuse, elles seront désormais plus lentes à sécher, et vous aurez tout le temps de perfectionner un travail que l'évaporation trop rapide des précédents véhicules vous laissait à peine le loisir d'achever. La peinture à l'huile, plus intimement liée à vos anciens panneaux, à la toile encollée qui peut leur être substituée, plus souple et en même temps plus ferme, résistera plus au temps et sera mieux à l'abri des contacts imprévus. L'humidité aura moins de prise sur elle que sur vos anciens procédés, qui follement l'aspirent et fixent sur leurs surfaces une poussière ennemie. Mais je dois vous prévenir des précautions que vous aurez à prendre, des obstacles que vous rencontrerez, des déceptions qui ne se montreront que plus tard. L'huile que vous substituez à l'eau pure employée dans la fresque, ou encollée dans la détrempe, doit être bien choisie, soigneusement épurée, puis travaillée pour activer son durcissement. Les couleurs mêlées à cette huile seront posées rigoureusement dans les places qu'elles doivent définitivement conserver, et, pour les charger de nouveau, vous choisirez avec intelligence le moment où elles ne seront ni trop dures ni trop molles.

Si vous n'obéissez pas à ces prescriptions, que par prudence je vous fais connaître à l'avance, vos couleurs perdront leur éclat, leur valeur ; votre tableau noircira, les couches successives, imprudemment composées de couleurs différentes, réagiront entre elles si vous êtes trop impatient de continuer votre ouvrage, ou elles s'écarteront si vous ne choisissez pas bien le moment opportun ; l'huile de la première couche, que vous croirez séchée parce qu'elle résisterait au frottement de la seconde, est seulement recouverte d'une pellicule qui se brisera bientôt sous les efforts de la partie volatile, qui forcément se fraye un passage, et votre ouvrage sera flétri par des gerçures que vous ne pourrez ressouder... Il n'est pas nécessaire que j'aille jusqu'au bout, que je parle de panneaux fendus ou pourris, de vernis dangereux flatteurs, et des recours à la science pour s'assurer de la pureté des matières.

Un adversaire de ce procédé ne pourrait-il pas être habilement perfide, si, résumant en un mot, comme on l'a fait pour la peinture en émail sur lave, les qualités de la peinture à l'huile, il détournait les artistes de son adoption en leur présentant dans toute leur extension et commentant à son gré les obstacles qui n'ont été désignés que pour mettre en garde contre des négligences qu'il est facile d'éviter? Beau service, en vérité, pour l'art! grand honneur mérité par celui qui aurait arrêté l'essor de la peinture à l'huile!

Ne fait-on pas de même aujourd'hui en détournant de leur but les avertissements que j'ai donnés dans l'exposé de la méthode à suivre pour la mise en œuvre de la peinture en émail sur lave, et se croit-on moins coupable parce qu'on ne sait pas prévoir les conséquences d'un progrès déjà réalisé? Si je n'avais pas dit les dangers d'un mauvais emploi de la matière, les précautions contre l'étonnement naturel que produit une pratique nouvelle, les remèdes contre des accidents imprévus dont aucun procédé n'est affranchi, ne me serais-je pas exposé au reproche d'avoir trompé les gens ?

Et parce que j'ai été sincère et honnête, on s'est emparé, non pas des avœux de dangers que je n'ai pas dit ordinaires, mais des avertissements propres à les conjurer, et l'on en a fait une arme qui ne s'est pas émoussée devant un exemple assez étendu pour prouver que des difficultés qui ne résultent que de l'inexpérience ne sont pas plus gênantes et pas plus redoutables que celles qu'on rencontre dans tous les procédés de l'art.

En vérité, les peintres ne feraient pas de tableaux s'ils réfléchissaient aux mécomptes résultant d'une exécution négligente; les sculpteurs renonceraient à fouiller le marbre, parce que cette matière est frangible, et les déboirs de Cellini leur ôterait jusqu'à la pensée de couler leurs œuvres en bronze. Luca della Robbia, Palissy, reculant devant les brutalités du feu que trop souvent la prudence ne peut éviter dans l'emploi de la terre, ne nous auraient pas laissé ces précieux ou ces charmants ouvrages qui sont encore une expression du génie. L'art, en un mot, sous quelque forme qu'il se manifeste, n'aurait jamais existé, si toutes ces pusillanimités, qui ne sont qu'avarice ou paresse, avaient paralysé les bras des artistes.

Mais la supposition que j'ai faite à propos de la peinture à l'huile et les réflexions précédentes ne peuvent remplacer une réponse directe aux accusations portées contre la peinture en émail sur lave, et, quelque rude que soit un démenti formel, je n'hésite pas à dire : Il n'est pas vrai que la peinture en émail soit pleine de déceptions; il n'est pas vrai qu'un artiste, pour s'emparer des bénéfices ambitionnés pour ses œuvres, et dont on consent à ne pas douter, soit forcé d'abandonner son atelier pour un laboratoire de chimie, ou l'encombrer de cornues, d'alambics, de fourneaux et de tout l'attirail d'un chimiste; il n'est pas vrai que l'auteur des peintures de Saint-Vincent-de-Paul et de l'œuvre qu'il soumet en ce moment à l'examen du public à l'appui de ses dires se soit livré à des exercices exceptionnels de main; il n'est pas vrai qu'il se soit exposé à des exhalaisons pernicieuses, inconnues dans l'exercice de son art; il n'est pas vrai qu'après une première épreuve qui a été faite pour tous ses confrères, il ait passé des jours anxieux et des nuits sans sommeil, dans l'attente des résultats du feu; il n'est pas vrai d'invoquer comme chose redoutable les transformations inattendues de couleurs, la perte imprévue, les blessures inguérissables des œuvres, les altérations pendant les transports, l'obligation de recommencer des travaux, car s'il est arrivé une fois que parmi les vingt plaques qui couvraient de leur émail plus de soixante-dix mètres de murs, une seule soit sortie fêlée du feu, ce fut la première, qui y fut exposée, huit ans après la mort de l'inventeur, par un ouvrier qui opérait une première fois, et je me hâte d'ajouter que cet accident, dont la cause sera facilement comprise par quiconque est de bonne foi, ne fut pas sans remède, puisque cette plaque, remise deux fois encore au feu, fut facilement consolidée, et qu'elle put être mise en place sans que sa cicatrice offensât l'œil des spectateurs. J'ajouterai encore, dussé-je fournir une autre arme à mes contradicteurs, que sa confiance contre des accidents qu'on dit si redoutables, doit être telle que lorsque j'ai entrepris l'ouvrage que j'expose aujourd'hui, pressé de mettre la main à l'œuvre, et n'ayant pas le choix des matières devenues rares par l'abandon présumé de la peinture historique en émail sur lave, je n'ai pas hésité à me servir d'une plaque extraite d'un bloc traversé par un fil, parce que j'avais acquis la preuve que les fêlures ne se prolongeaient pas aux feux de recuisson.

La vraie vérité, puisque le déguisement sous lequel on la montre m'impose cette rédondance, est que le premier tableau de la décoration de Saint-Vincent-de-Paul fut entrepris après deux essais seulement dont le premier aurait suffi, si, pour activer la commande, retardée par je ne sais quelle raison, je n'avais profité de l'occasion qui m'était offerte d'en exécuter un second destiné à l'empereur de Russie. Plus tard, la mort prématurée de l'inventeur, découragé par des obstacles semblables à ceux que je rencontre encore, m'engagea à renouveler mon épreuve afin de m'assurer, avant de continuer une entreprise interrompue pendant près de huit ans, que la mort qui frappa ce martyr du progrès n'avait pas emporté dans sa tombe le secret d'une découverte qui semble l'héritière des résistances qu'il avait éprouvées. La vraie vérité est que le peintre sur lave n'est pas exposé à des exhalaisons *inconnues*, puisque ce sont les mêmes qu'on aspire dans l'emploi de la peinture à la cire ; la vraie vérité est que cette habileté de main, qu'on semble considérer comme une qualité nouvelle dans la culture de l'art, n'est autre que celle dont Apelle et Parrhasius donnèrent des preuves; que Léonard de Vinci et tous les maîtres recommandaient à leurs élèves, et dont l'antiquité nous a laissé des exemples sur des tablettes de marbre chargées d'exercices et conservées dans le musée de Naples ; la vraie vérité est que l'abstention de repentirs, d'hésitations, de retouches, n'est pas plus impérieusement exigée dans l'emploi de la peinture en émail sur lave que dans celui de la fresque et de l'huile, lorsqu'elle est prudemment mise en œuvre, puisque la peinture en émail sur lave offre les avantages, qu'elle partage avec l'huile, des ébauches, des empâtements, des glacis, qui ne sont indélébiles que lorsque le feu les a fixés.

Mais, en vérité, moi qui sais, en cette question de procédé nouveau, et qui suis démenti par ceux qui n'ont pas même essayé de savoir, je me demande si mon esprit, fatigué de combattre contre des erreurs si grosses, n'est pas frappé de démence ; si ce ne sont pas des rêves, mes travaux accomplis ; si j'ai perdu du jour au lendemain le souvenir des obstacles qu'hier encore j'aurais dû surmonter dans l'exécution de l'œuvre que je soumets en ce moment au jugement public. Je ne reconnais en moi que beaucoup de fatigue des ennuis qu'on me cause, mais aucune défaillance d'esprit ni de souvenir ; mais il se peut que je n'aye pas rencontré encore les secrètes causes de la résistance opiniâtre que je suis obligé de combattre, et je regarde si je n'ai pas négligé quelque indice qui me conduise sur la voie.

La peinture en émail sur lave exige-t-elle une dépense de jours que les avares de temps lui refusent ? Est-elle venue ajouter de nouvelles sueurs au *labor improbus*, qui lui-même, fatigué de ses anciennes victoires, en a arrêté la mesure ? Mais la peinture en émail est plus rapide qu'aucune autre, et l'exercice de l'art commande le travail et la peine, parce que ni l'art ni les artistes n'ont jamais dit leur dernier mot.

Aux inhabiles de leurs mains, ce procédé tant redouté offre une exécution plus facile; aux esprits indécis, des ressources qui ne laissent pas de traces de leurs tâtonnements, mais à la condition cependant de ne pas hésiter sans cesse et de ne pas revenir constamment sur leurs pas, c'est-à-dire de ne pas surcharger des empâtements devenus inutiles par d'autres empâtements préférés. Ils ont, pour se guider, des cartons ; qu'ils ne les terminent pas avant de bien savoir ce qu'ils veulent exprimer. La peinture en émail sur lave ne permet pas, il est vrai, de substituer aux ébauches fixées par le feu de nouvelles dispositions, mais elle permet de perfectionner les contours, les modelés et les colorations.

Certainement les difficultés qu'on invoque pour arrêter la marche de la peinture en émail sur lave sont purement imaginaires, puisque je les ai résolues sans songer à le faire, puisque ceux qui s'en effraient n'en parlent que par ouï-dire, puisque ceux qui les dénoncent ne les ont jamais rencontrées, puisque aucun examen n'en a été fait, puisque aucune oreille ne s'est ouverte à qui les aurait démenties. Ce ne serait donc qu'à une idée préconçue, à un projet bâti sur le sable que je devrais attribuer une résistance qui serait impardonnable si elle n'était le fruit de l'irréflexion.

Parmi les bruits qui circulent et que peut-être je suis autorisé à prendre au sérieux, il en est un que je ne puis passer sous silence, parce qu'il renferme la promesse d'affranchir les artistes de toute étude nouvelle.

J'admets donc que, sauf les embarras suscités aux artistes dans la mise en œuvre de la peinture en émail sur lave, on a reconnu ses mérites. Cependant on n'en fait pas encore usage, et j'en crois découvrir la cause dans l'annonce du système qui a pour but d'effacer jusqu'à la dernière trace les troubles, les fatigues, les inquiétudes don les artistes étaient menacés, dit-on, par l'apparition d'un procédé nouveau, et, dès lors, j'attribue la cause de l'obstacle qui s'oppose encore à l'adoption du procédé à l'amour paternel de l'inventeur du système qui le croit indispensable à l'avénement de la peinture en émail sur lave.

Ainsi que je l'ai déjà fait pressentir, ce système consiste à faire exécuter des cartons par des maîtres et à en confier la traduction sur la lave émaillée à des mains habituées au maniement des couleurs vitrifiables, c'est-à-dire à des peintres porcelainiers.

Je ne vois pas là un système sagement raisonné, mais seulement un expédient. Non-seulement je le juge inutile, mais encore mal fondé, et plus encore impraticable, plein de déceptions pour la peinture en émail sur lave, qui mérite d'entrer de plain-pied dans le domaine de l'art, et de dangers pour l'art lui-même.

Ce que j'avance ici, je vais le démontrer.

Désormais, donc, séduits par l'espoir d'éterniser leurs œuvres, les maîtres, selon le projet de l'auteur du système d'exécution mixte, consentent à accepter, pour interprètes de leurs pensées, des traducteurs secondaires, puisque le procédé dont ces auxiliaires possèdent, ainsi qu'on le croit faussement, l'usage, est resté inconnu des artistes.

Dans ce cas, ils doivent renoncer, pour leurs ouvrages, à cette fleur précieuse qui distingue les originaux des copies, et que la main créatrice peut seule faire épanouir. Mais ils ne tarderont pas à s'apercevoir, s'ils ne l'ont pas prévu d'avance, que des ouvriers mercenaires sont impuissants à les remplacer, et que ces ouvriers eux-mêmes, illuminés par les reflets répandus dans la demeure de l'art, reconnaîtront leur insuffisance et réclameront un concours que la volontaire ignorance des maîtres à l'égard du procédé ne leur permettra pas d'obtenir.

Menacés de nouveau par les ennuis préconçus qu'ils voulaient éviter en adoptant le système, les maîtres renonceront aux bénéfices de la peinture en émail sur lave qu'on voulait leur ménager sans troubles pour leurs habitudes chéries.

Cependant il pourra arriver que, persévérant dans l'ambition d'assurer à des œuvres qui leur donnent la gloire une durée illimitée, ils consentiront à subir, comme il est advenu à ceux qui ont fourni des cartons à des peintres sur verre, la loi de leurs infimes traducteurs qui, pour se justifier de leur impuissance, invoqueront des exigences de procédés qu'ils ne seront pas en état de juger.

Je ne sais pas alors ce que pensera le public de ces œuvres bâtardes de l'art et de l'industrie ; mais, ce que je ne peux pas m'empêcher de remarquer, c'est que des verrières signées de noms bien inférieurs à ceux qui sont écrits sur des travaux du même genre, mais faits par des mains mercenaires, leur sont de beaucoup supérieurs, et si j'en interroge la cause, je la reconnaîtrai dans l'absence de ce souffle sacré dont l'art anime ses œuvres.

Jean Cousin faisait des chefs-d'œuvre dans un art qui fut glorieux pour la France ; mais les manufactures, quel que soit leur rang, n'en font pas, et cet art a réellement disparu pour leur avoir été confié.

La même chose ne manquerait pas d'arriver si la peinture en émail sur lave était exilée dans les ateliers de l'industrie. Là serait le danger pour l'art dont elle serait l'interprète, parce que la froide perfection d'une exécution mécanique renverrait l'art au second rang. — Ai-je besoin d'ajouter, pour être compris, que les choses régulièrement polies et irréprochablement ajustées dans les manufactures, sont souvent préférées aujourd'hui aux choses bien pensées.

Mais, en empruntant cet exemple à la peinture sur verre, j'oublie peut-être un peu trop qu'on dédaigne aujourd'hui, dans les ateliers des peintres, un art qui, jadis, occupa et occupe encore la place principale dans la décoration des églises et que dès-lors on trouvera l'exemple mal choisi. En sera-t-il de même si j'invoque les peintures de Pompéi qui, malgré l'intérêt qu'elles méritent, à certains points de vues, ne sont en réalité que les produits étiolés d'une noble race éteinte dans le croisement adultère de l'art et de l'industrie.

L'adoption du système entraînerait d'autres dangers encore qui frapperaient en même temps la peinture en émail sur lave, les artistes et ceux qui les côtoient. Il suffira de les faire entrevoir sans qu'il soit nécessaire de suivre tous leurs pas qui nous conduiraient fatalement, non plus dans les décombres de la dernière ville antique ni dans les refuges souterrains des martyrs, mais dans ces ténèbres dix fois séculaires où l'art a cessé d'exister.

En effet, déjà dans l'application du système qu'on met comme une condition expresse à l'adoption de la peinture en émail sur lave, les maîtres auront abandonné dans leurs œuvres la grâce du pinceau, le modelé savant, la coloration délicate, la recherche du contour et les improvisations charmantes qui naissent pendant l'exécution, comme pour parer jusqu'au dernier moment une fille chérie qui va paraître dans le monde. Toutes ces qualités que le procédé permettait à la main paternelle de répandre elle-même disparaîtront en échange d'une œuvre plus durable, et l'art, réduit ainsi à la sèche énonciation d'une pensée trop tôt arrêtée dans sa sève, descendra de tous les degrés sur lesquels il rencontre les charmes, les distinctions qui font aimer les nobles choses; les talents mercenaires qui se croiront anoblis par une collaboration qui les rapprochera des maîtres, ambitionneront l'honneur de les égaler un jour, et, pour sortir du rang secondaire où les retient l'insuffisance de leurs premières études, ils seront entraînés, s'ils veulent justifier leurs nouvelles aspirations, à dépenser, dans l'espoir d'un avenir incertain, un temps fructueusement employé jusque-là dans les ateliers que leur ouvrait l'industrie.

La conséquence immédiate, inévitable de cet enivrement ou de ce rêve dont le réveil est si souvent cruel, sera d'augmenter encore l'encombrement qu'une pensée plus généreuse que réfléchie a fait naître, en instituant régulièrement aujourd'hui la classe des copistes.

Ces prévisions n'ont rien de surchargé, car elles sont l'image de ce qui se passe sous nos yeux. Je le demande à ceux qui aiment sincèrement l'art, qui l'aiment avec intelligence : est-ce dignement l'honorer, utilement le servir que de transformer en fabriques les sanctuaires où sont déposés ses chefs-d'œuvre? Sont-ce bien là ses véritables disciples, ces innombrables producteurs parmi lesquels il en est si peu qui ne comptent pas des heures payées, et ne reconnaît-on pas dans le chemin du Louvre la voie qui, d'Athènes, conduisit l'art à Pompéi?

Ainsi donc, grâce au système, seront amoindris : l'art, puisqu'il aura perdu ce qui sépare ses œuvres des produits manuels ; les artistes, puisqu'ils auront abandonné l'élégance et la distinction de leur langage ; les ouvriers, puisqu'ils auront échangé leur profession fructueuse dans l'espoir d'obtenir une considération qui ne leur sera pas accordée. Et, d'autre part, la vulgarisation, qui n'est pas l'ambition de l'art et que le système lui imposera, remplira de ses œuvres les boutiques, les salles de vente où l'encan sera l'arbitre de la valeur des productions du génie altéré.

Je sais bien qu'il fut, depuis la renaissance de l'art, une époque, la plus brillante pour la peinture, où les maîtres, accablés de travaux, empruntaient des mains auxiliaires. Mais alors il y avait des écoles, et les aides étaient des disciples qui parlaient la langue du maître. — Il n'en est plus de même aujourd'hui. Nos habitudes modernes où domine la trop confiante individualité ne permettent plus de mettre à la disposition de l'art ce genre d'association. Cependant je conviendrai, parce que je ne veux pas donner prise à des dénégations, qu'à l'extrême rigueur il en pourrait être de même aujourd'hui, mais les conditions seraient différentes. Les auxiliaires, dans les beaux temps de la renaissance, étaient eux-mêmes des célébrités, et Raphaël, pressé par le temps, rencontrait pour le seconder Jules Romam, Jean d'Udine.... Dans notre époque actuelle, le délai que s'est imposé, ou qui est imposé au maître pour la livraison de son œuvre, l'oblige à réclamer un concours, et le taux du salaire et la rapidité de l'exécution trop souvent déterminent le choix du collaborateur.

Peut-être que j'exagère un peu, mais pas beaucoup ; on me le pardonnera dans une époque où l'on débat le prix de revient d'un procédé nouveau. Qu'on me permette de m'arrêter un instant sur cette question incidente ; elle occupe une place dans les hésitations qui retardent l'adoption de la peinture en émail sur lave, et je ne puis la passer sous silence ; je reviendrai tout à l'heure au système de sa mise en pratique. On m'a souvent objecté le prix de revient des matières, et, quelque répugnance que j'éprouve à mêler des questions d'art et des questions de chiffres, il me les faut aligner. Le prix de revient des matières employées dans la peinture à l'huile et dans la peinture en émail sur lave est comme un est à sept, et, puisque je suis dans un comptoir, je dois établir la balance entre les profits et les pertes qui ne peut être basée que sur la durée comparative des deux produits. La durée de l'un, dans lequel je confonds la fresque, l'huile et la cire, et que je suppose dans les meilleures conditions possibles, se comptera par quatre siècles au plus, et la durée de l'autre, qui est la peinture en émail sur lave, sera incalculable parce qu'elle est illimitée, et j'ajoute : la différence de un à sept s'efface en proportion de la valeur artistique de l'œuvre, c'est-à-dire en raison du mérite de l'auteur. On comprendra que je ne puis pas aller au delà dans cette estimation qui me forcerait à entrer dans les dépenses d'entretien, c'est-à-dire de restauration qui, d'une part, sont nulles, et de l'autre inévitables, mais dont le prix est inconnu. J'ai dû faire ce compte par mètres, mais il m'est impossible de ne pas faire cette réflexion ; que l'immortalité matérielle d'une œuvre d'art, pas plus que son mérite, ne devrait se vendre ou s'acheter à la mesure de sa surface.

Je reprends maintenant l'examen du système, puisque j'ai fait pressentir une autre manière de le mettre en pratique.

J'ai démontré l'insuffisance des peintres porcelainiers, j'ai rappelé l'exemple des collaborateurs des maîtres de la renaissance, et, effaçant la distinction des habitudes d'époques différentes, je supposerai que les maîtres de nos jours auront recours à de véritables artistes.

Ils choisiront alors parmi leurs disciples, s'ils en ont, ou, dans le cas contraire, parmi ceux des autres, les interprètes de leurs pensées, mais il leur faudra d'abord les convertir à la peinture en émail sur lave et, pour cela, détruire dans leur esprit l'influence des arguments qui les a convaincus eux-mêmes que la nouvelle découverte doit être abandonnée aux ateliers de l'industrie.

Au risque d'une répétition, j'établirai nettement la question telle qu'elle se présente en ce moment.

Les maîtres veulent éterniser leurs œuvres, mais, comme autrefois, surchargés de travaux, ils n'ont pas le loisir de changer de palette et d'apprendre à conduire de nouvelles couleurs. Un instant ils ont voulu confier ce soin à des artistes-ouvriers auxquels l'usage des matières vitrifiables était familier, mais ils ont été bientôt dégoûtés d'un système qui ne produisait que des traductions infidèles et peu dignes de leur renom. Dès lors ils en chargeront leurs élèves comme aux beaux temps de la renaissance de l'art; les traductions de leurs cartons se feront sous leurs yeux. Les stances du Vatican sont un exemple qu'on peut suivre; mais Raphaël mettait sur ses œuvres traduites par des mains étrangères le sceau de sa paternité par ses retouches et ses additions. La palette, le pinceau, seront à leur portée; ils auront été témoins de leur usage et, ne pouvant indiquer par la seule parole les délicatesses que leur esprit conçoit, ils ne résisteront pas à la tentation de les exprimer eux-mêmes, et, semblables au célèbre naïf de Molière, ils seront étonnés d'avoir fait, sans l'avoir appris, de la peinture en émail sur lave, et diront avec l'artiste qui nous a transmis les procédés du Giotto dans la fresque : « É 'l piu dolce e il piu vago lavorare che sia. »

Résumons donc ce qu'auront été la marche et le bénéfice d'un système malencontreusement proposé; nous chercherons ensuite l'origine de son invention. D'abord, expédient obligé par la résistance instinctive contre un changement de méthode, le système rencontre et recommande la traduction, par les ouvriers, des cartons des artistes; puis la révélation de l'insuffisance de ce moyen fait naître la substitution aux ouvriers des artistes disciples d'un maître qui, par son autorité, aura vaincu les mêmes résistances instinctives auxquelles il n'avait pas su lui-même se soustraire : puis enfin arrive le concours involontaire de ce maître.

Comment n'a-t-on pas vu d'abord qu'il n'en pourrait être autrement, et qu'en admettant même le refus improbable des retouches des maîtres pourtant jaloux de la perfection de leurs œuvres, le système n'aurait de durée que le temps nécessaire pour faire d'un disciple un maître, parce que ce disciple, en possession d'un procédé acquis au profit des autres alors qu'il était traducteur, ne le rejetterait pas lorsqu'à son tour il voudrait éterniser ses propres œuvres.

A quoi bon dès lors l'intervention de ce système dont je ne dirai plus le bénéfice, mais au contraire l'action nuisible? En effet, il aurait eu successivement pour résultat : d'effrayer les artistes par des difficultés imaginaires, de transformer en œuvres médiocres les beaux cartons des maîtres, de déconsidérer le nouveau procédé aux yeux des administrations et du public qui auraient indistinctement confondu dans l'insuffisante traduction la main de l'ouvrier et les ressources supposées incomplètes de la peinture en émail sur lave; enfin, il aurait inutilement retardé l'admission définitive, par les artistes, d'une découverte incontestablement précieuse, et compromis, comme on le verra plus loin, un principe important de l'art.

Glorieuse victoire bien digne de la reconnaissance de l'art, des artistes et du pays lui-même! Et tout cela, pourquoi? Pour satisfaire une manie d'ingérence trop commune dans des questions qu'on ne peut éclairer soi-même par la pratique.

Certainement l'auteur ou les auteurs du système n'en avaient pas envisagé les conséquences. Je ne prétends pas pour cela accuser leur intelligence; mais si leurs spécialités qui leur ont mérité une haute position dans les arts ne leur permettaient pas de tenter par eux-mêmes l'expérience de la peinture en émail sur lave, ils n'auraient pas dû accorder à des remarques faites à son début une confiance tellement absolue, qu'elle ne pût être ébranlée lorsque les difficultés inséparables d'une pratique encore inconnue avaient cessé d'exister. C'est donc avec raison que je m'étonne d'une opiniâtreté qui suspend depuis tant d'années les bienfaits du procédé que je défends parce que je l'ai mis facilement en pratique, et que je m'inquiète de ces atermoiements parce que, me trouvant déjà seul à veiller sur la peinture en émail sur lave, je ne sais pas ce qui me reste de vie. Les leçons que j'ai recueillies pendant ma mission difficile me rendent prévoyant et m'ont appris que les regards sur lesquels Fabius assurait ses victoires ne me sont pas permis. Déjà, il y a bien longtemps, je disais, à propos des ajournements apportés à la continuation des peintures de Saint-Vincent-de-Paul qui était décidée : « Prenez garde, l'inventeur de la peinture en émail sur lave est seul dépositaire du secret, il n'est pas immortel, et peut-être ne sera-t-il plus temps de me mettre à l'œuvre quand je serai appelé à le faire. » Trois mois après, il avait cessé de vivre, et l'on ne sait pas les ruines que j'ai traversées, les obstacles que j'ai franchis pour mettre à fin une entreprise dont l'étrange destinée m'oblige à recommencer de nouveau des luttes non plus seulement fatigantes, mais devenues dangereuses. L'opiniâtreté dont, à mon tour, on m'accuse serait mieux appelée persévérance; mon impatience, prudence, et le système, rêverie, mais rêverie trop active.

J'ai promis de faire connaître l'origine de ce système, et peut-être ce court récit justifiera-t-il le nom que je viens de lui donner.

Au début de la peinture en émail sur lave, un artiste de grand mérite, M. Abel de Pujol, émerveillé de cette découverte, produisit un ouvrage à l'aide de la méthode indiquée par l'inventeur. Mais alors ce procédé consistait particulièrement, au point de vue de la mise en pratique par les artistes, dans la substitution de plaques émaillées sur lave à celles de la porcelaine et dans des modifications de matières vitrifiables qui, malgré la science qu'on me suppose assez gratuitement et peut-être pour le besoin d'une cause, me sont absolument inconnues.

Je ne m'étonne pas que, malgré le succès qu'il obtint justement, un artiste fut bientôt dégoûté de la lenteur et de la minutie d'un travail qui, au lieu de l'exécution large que permettent la peinture à l'huile et la peinture à la fresque, le condamnait au pointillé et aux hachures tracées par un pinceau de miniaturiste.

Cependant quelques partisans de la découverte nouvelle, il y en avait alors, regrettaient cet abandon. A leurs yeux, qui voyaient bien jusque-là, l'introduction des émaux dans la peinture sérieuse était une garantie de la durée des ouvrages, et, considérent la valeur vénale d'une peinture sur porcelaine payée alors le prix des plus précieux originaux, et par cela inaccessible à la plupart des amateurs de copies inaltérables, ils voulurent encourager une invention qui, par ses produits moins coûteux, promettait de devenir utile ou profitable. Ils s'adressèrent à un peintre porcelainier, ouvrier demi-artiste, qui, sur leur commande, produisit quelques copies de maîtres.

Mais ces copies, semblables à des peintures de demoiselles, assez habiles si l'on veut, ne reproduisaient que des têtes choisies dans de beaux ouvrages, et l'étendue de ces fragments de tableaux était limitée aux étroites surfaces qu'on pouvait alors obtenir de la lave. Cependant elles étaient appréciées, mais par l'œil indulgent qui accueille toujours un début qu'on protége et qui met au jour un système dont on est l'inventeur.

Je conçois, à cette époque d'enfance de la peinture en émail sur lave, la résistance des maîtres, qui, dans ces humbles germes, ne surent pas deviner un progrès réalisable seulement par leur concours, je conçois, dis-je, qu'il put surgir, sans qu'on s'aperçût tout d'abord du détriment qui en résulterait pour l'art, la funeste pensée de scinder la production d'une œuvre dont la paternité serait partagée entre l'art et le métier. Dailleurs, on ne prévoyait pas, sans doute, qu'un jour on pourrait appliquer à l'exécution de tableaux de quelque importance le nouveau procédé, et les artistes se préoccupèrent peu d'une découverte qui différait à peine de la peinture sur porcelaine.

Cependant MM. Orsel, Perrin, Jules Etex, exécutèrent dans quatre médaillons quatre têtes pour le bâtiment principal de l'école des Beaux-Arts; mais le système de l'exécution mixte avait sans doute été jugé par eux, et depuis le système resta stérile. Il devait en être ainsi parce que son auteur ou ses auteurs n'avaient pas tenu compte des conditions d'une œuvre faite pour honorer son véritable père et sans doute aussi parce que les mélanges d'espèces ne donnent que des produits sans postérité. Je comprends, à la rigueur, l'origine du système en me rappelant les conditions dans lesquelles la peinture en émail sur lave s'était présentée aux artistes; je comprends les résultats obtenus par un ouvrier artiste, parce que cet auxiliaire, élevé sous les yeux des inventeurs de la peinture en émail sur lave, en avait fait une étude spéciale; mais je trouve l'audace de ce système grande de se représenter encore et de ne tenir aucun compte de la transformation qui s'est tout d'un coup opérée alors qu'il fut question non plus d'appliquer à de petites copies ou à des médaillons, mais à la grande peinture, les qualités de la peinture en émail sur lave, destinée, selon le but que les inventeurs s'étaient proposé, à couvrir les murs des édifices par des tableaux vraiment historiques ou à conserver le souvenir d'œuvres précieuses que le temps allait effacer. Malheureusement MM. Mortelèque et Hachette n'avaient pas encore rencontré un moyen acceptable pour étendre indéfiniment les surfaces et pour élargir les méthodes d'exécution. La décoration extérieure du porche de Saint-Vincent-de-Paul fut l'occasion dans laquelle ces progrès furent atteints. Mais je ne fais pas ici l'histoire des découvertes de la peinture en émail sur lave, et il me suffit de constater que les obstacles qui jusque-là autorisaient la résistance avaient complétement disparu.

C'est donc avec raison que je m'étonne que le système, toujours obstinément aveuglé sur les causes de son origine, se reproduise encore aujourd'hui. Cette pensée malheureuse n'a rien appris, n'a rien oublié. Elle propage et conserve intactes ses ignorantes préventions, et ses préconceptions orgueilleuses n'ont reçu aucune atteinte des progrès accomplis. Pour elle, la peinture en émail sur lave est chose impraticable par les maîtres, les réussites des seuls ouvrages originaux produits ne sont que des exceptions, et leur auteur est un être à part que le hasard a jeté sur sa route, mais qui ne la convaincra pas qu'elle a pu se tromper. Sa présence importune n'est qu'une affaire de temps, et le système n'a que du temps à gagner. Déjà bien des années se sont écoulées; les dégoûts, les isolements, les dédains venant en aide, l'avénement du système ne sera plus de beaucoup retardé. — Je dis, moi, que lorsque cet être incommode aura cessé d'exister, cet avénement n'aura pas lieu et que la peinture en émail sur lave périra.

C'est justement à cause de cela que je combats un système qui, impuissant depuis près de trente ans, ne sera pas plus praticable pour attendre plus encore. Ce qu'il était à sa naissance, il l'est encore aujourd'hui, il le sera demain, car il repose sur une combinaison impossible, la dégénérescence complète du goût et la naissance d'une nouvelle industrie qui, grâce au reste de respect que l'on garde à l'art pur, n'est pas encore arrivée, et, je l'espère, n'arrivera jamais. Sa ténacité est commune à toutes les idées préconçues. Tôt ou tard l'idée du système sera condamnée, puisque tout le monde répète : « Il n'y a rien de plus fatal aux progrès que les idées préconçues, » et, tous les gens sages le savent, il n'y a rien de plus faux que les raisonnements invoqués en faveur d'un système arbitrairement enfanté dans un cerveau que n'a pas éclairé la pratique, puisque, d'une part et dans le cas présent, l'idée préconçue a pour but d'empêcher l'expérience et que, de l'autre, l'expérience peut seule guider la pratique, qui, pour prouver une chose tangible, est le plus sincère argument. J'ai vraiment honte d'insister si longtemps pour démontrer que ce qui se voit et se touche existe; mais, en présence des résistances que je rencontre, je m'aperçois qu'il ne me suffit pas, comme il a suffi à un autre, de marcher pour prouver la réalité du mouvement.

La peinture en émail sur lave n'est pas une promesse incertaine, elle n'est pas un secret, elle n'est pas l'apanage d'un ou de quelques esprits exceptionnellement doués. Les talents, les aptitudes qu'elle exige ne sont pas différents de ceux que chaque jour on met au service de la peinture à l'huile, à la fresque, à la cire, et nul effort nouveau n'est imposé à celui qui veut s'en servir.

En réfléchissant encore une fois aux causes qui jusqu'à présent s'opposent à son adoption, je ne puis m'empêcher de reporter de nouveau mes regards sur la différence des tendances des artistes de deux époques égalemant ambitieuses de progrès, et de juger par les résultats obtenus dans l'une ceux qu'on devrait attendre dans l'autre.

Le développement prodigieux de l'invention de Van Eyck a ouvert une voie glorieuse à l'art, a fait éclore des qualités inconnues jusque-là, et l'on semble redouter ou, si l'on veut, ignorer les peines qu'il a fallu s'imposer pour substituer aux procédés précédents le plus difficile qui se soit offert dans l'exercice de l'art, le procédé de la peinture à l'huile.

Artistes, serions-nous semblables à ces fils de famille, héritiers naturels de richesses, sans soucis des labeurs de leurs pères qui les ont amassées pour eux, et sans se souvenir que ces pères ne se sont pas contentés, comme on semble vouloir le faire aujourd'hui, du patrimoine qu'eux-mêmes ils avaient reçu.

Ce serait une trop lourde tâche de rappeler ici les tentatives infructueuses d'abord, mais toujours persévérantes, qui dévoilèrent les secrets du trop silencieux inventeur de la peinture à l'huile. Elles sont écrites d'ailleurs sur les œuvres réunies dans nos collections, et il me suffira peut-être de citer un exemple de l'énergique volonté des artistes de la renaissance pour apprendre ce qu'ils ignoraient. Michel-Ange ne craignit pas de compromettre, en se livrant à des études nouvelles, la gloire qu'il avait acquise dans un art qui jusque-là était le sien, lorsque, pour confondre une intrigue cachée sous le manteau d'un éloge, il entreprit et produisit à l'aide d'un procédé qui lui était inconnu, la plus magnifique page dont la peinture s'enorgueillisse. Il ne fut pas effrayé, cet esprit si impatient, si fougueux, de la lenteur des travaux et des études imposées par l'insuffisance des collaborateurs qu'il fut d'abord contraint à appeler à son aide. Il conquit le procédé de la fresque et seul il accomplit son chef-d'œuvre.

A cette ardente activité d'un temps ambitionné, faut-il donc opposer la paresse ingénieuse à s'excuser de ne la pas ressentir en invoquant des obstacles prétendus infranchissables qu'on a pas même essayé de connaître? Et, quant à moi, convaincu, par une expérience de quelques jours à peine, des profits de la peinture en émail sur lave mise entre les mains des véritables artistes, dois-je abandonner la place au système producteur d'œuvres bâtardes, et laisser à de faux arguments le loisir de légitimer l'insistance des esprits étrangers à l'exercice de la peinture qui s'obstinent à le propager?

J'ai dit plus haut que l'application de l'exécution mixte imprimerait un mouvement rétrograde à la peinture, et j'ajoute maintenant à l'art en général. Mais, avant d'aller plus loin, je ne veux pas laisser de prétexte à l'ambiguïté, l'arme des mauvaises causes, et je résume d'abord les atteintes portées à la peinture.

Déjà le système aurait déconsidéré les œuvres des maîtres transformées en copies dont les originaux n'auraient jamais existé que sous la forme de cartons; il aurait effacé ces distinctions délicates qu'impriment sur les ouvrages achevés par leurs mains les génies supérieurs. Nul amateur ne pourrait désormais se glorifier de posséder dans ses galeries des œuvres comparables à des Raphaël et des Titien de nos jours, abrités comme ils le pourraient être contre des altérations trop communes. La valeur des objets auxquels on attacherait des noms célèbres ne seraient plus cotée ainsi que les plats de Gubbio, de Faënza, d'Urbino, qu'au taux commercial des marques de fabrique. Les productions du génie deviendraient des objets vulgaires, et ce n'est pas ce qu'il faut, car, ainsi que s'en plaignait Palissy, l'industrie introduite dans l'art en deviendrait bientôt maîtresse et, s'emparant des modèles, centuplerait, sans s'inquiéter de l'art, des répétitions de sujets dont l'écoulement facile deviendrait le premier mérite. Mais, en disant tout cela, je n'ai pas prétendu que les maîtres, en s'abstenant du procédé nouveau, renonceraient à produire, par le moyen de l'huile, des tableaux embellis par les qualités qui leur seraient personnelles; j'ai voulu seulement laisser au sens commun à prévoir la rude atteinte que recevraient l'art et le goût de la concurrence forcément provoquée entre les productions de l'art et celles de l'industrie. Aujourd'hui déjà la préférence est à peine douteuse, puisque, dans les expositions solennelles où ils sont placés côte à côte, le nom du fabricant absorbe celui de l'artiste, auteur du modèle coulé, et puisque la froide perfection et le prix au rabais d'une exécution mécanique l'emporte dans biens des cas sur les enfantements du génie.

Ce que j'attaque, ce ne sont pas les procédés anciens dont il serait insensé de méconnaître les mérites, c'est un système inventé pour déshonorer un nouveau.

Mais je n'ai rien dit encore d'une importante question qui longtemps a divisé les artistes. Je veux parler de la coloration extérieure des édifices. Elle doit trouver ici une place puisqu'il s'agit en ce moment de la défense de la peinture en émail sur lave, dont le titre le plus glorieux est d'avoir effacé les derniers obstacles qui s'opposaient à sa solution.

L'architecture polychrome, s'emparant d'une peinture réellement inaltérable, avait fourni son exemple. Mais cet exemple était une œuvre originale et, s'il réalisait un progrès désiré, il ne répondait pas aux vœux des partisans du système de l'exécution partagée. On pourra s'étonner de le voir paraître en cette affaire; mais il y est et je ne l'en puis ôter, car il est en cela semblable à ces êtres qui déposent leurs cartes partout et dont la réputation se fait sur un titre qui sans vérification sert de passeport à leur nom.

Or donc, le système étant intervenu lorsqu'on tenta l'expérience de l'emploi extérieur de la peinture en émail sur lave, on crut qu'on ne pourrait s'en passer et l'on proposa de reproduire sous le porche de saint-Vincent-de-Paul des copies de tableaux choisis dans les Loges de Raphaël. On m'avait désigné pour exécuter ce travail, mais je m'étais refusé nettement à me charger à cette condition de cette entreprise, non par un sentiment d'amour-propre, ainsi que peut-être on l'a cru, mais par des motifs dictés par la raison. D'abord je ne voulais pas assumer sur moi la responsabilité des mutilations, des additions, des transformations qu'exigeaient la mesure et la forme des emplacements destinés aux peintures, et ensuite parce que la fidélité qui s'étend aussi bien à la couleur qu'au dessin dans des reproductions par la peinture en émail sur lave de tableaux à la fresque déjà inhabilement retouchés, s'opposerait à l'emploi des ressources connues et au développement qu'on pouvait attendre d'une pratique encore à son début.

Le système fut obligé de céder. Je ne dis pas qu'il s'en vengea en ajoutant ses plaintes à celles qui servirent de prétexte à l'effacement de l'exemple de la peinture extérieure des édifices; aucune preuve ne m'autorise à l'en accuser; mais je sais qu'il tenta de prendre sa revanche en proposant pour l'avenir une méthode nouvelle pour mettre en pratique le principe de la peinture extérieure qui, dans cette occasion, fut certainement attaqué de nouveau, puisque son abandon fut invoqué par le clergé lui-même comme une circonstance atténuante des rigueurs de ses réclamations.

Quoi qu'il en soit, le système, dans la prévision d'un nouveau revirement dans la question du principe de la polychromie de l'architecture, projeta d'exécuter des peintures analogues à celles qui décorent les vases étrusques et grecs, avec cette distinction, toutefois, que dans les peintures murales, les chairs, les draperies, les objets accessoires recevraient une teinte plate, couleur locale appropriée discrètement à la nature de chaque chose et encadrée dans un trait. L'excellence de cette méthode était démontrée, croyait-on, par le bon marché résultant d'une exécution rapide, puisqu'elle était débarrassée des délicatesses de l'art, probablement jugées inutiles dans des travaux de ce genre et qu'elle devenait ainsi praticable par des ouvriers, et l'on ajoutait que l'art, en perdant quelque chose, concentrerait sa dignité dans la grandeur et la beauté des traits savamment exprimés dans les cartons des maîtres et reportés sur la lave émaillée au moyen de calques fidèles, et qu'enfin la peinture murale, trop éblouie par les conquêtes de la renaissance, retrouverait dans son austérité le caractère religieux trop longtemps égaré dans des splendeurs compromettantes.

Mais, quelque séduisantes que semblent ces promesses que beaucoup trouveront naïves, je ne suis pas convaincu de leur innocuité. En effet, elles accusent un retour vers le temps où la peinture essayait ses premiers pas, et cela n'est pas désirable. Je veux bien croire, en l'absence de renseignements plus précis, que les peintures décrites par Pausanias consistaient dans des dessins rehaussés par des teintes plates et que la beauté des contours faisait leur mérite. Mais je doute très-fort que ce genre de peinture satisferait aujourd'hui nos yeux devenus plus exigents par la révélation des qualités conquises par des maîtres dont nous avons appris à aimer les mérites. D'abord il en est quelques-uns, beaucoup peut-être, qui demanderaient compte des progrès transmis par nos prédécesseurs; puis notre esprit moqueur et bien souvent sensé dans ses plaisanteries, ne manquerait pas de ridiculiser des images qui sembleraient lutter avec les papiers peints. J'aurais voulu ne pas dire cela, mais je ne pouvais m'en dispenser, car j'ai la conviction profonde que le système proposé nous amènerait jusque-là. Déjà dans un art que j'ai cité plus haut les pochoirs ont fait une concurrence victorieuse aux pinceaux des artistes, et les mêmes motifs qui les ont fait préférer dans la fabrication des vitraux ont déshonoré nos églises, non pas seulement de village, mais de grandes cités, fières de leur importance, en autorisant par ce premier exemple l'apposition sur les murs des chemins de la croix achetés à vil prix aux imprimeurs d'images. Je sais bien qu'une invention nouvelle les a perfectionnés; mais, bien loin de les affranchir de blâme, je les accuserai d'avoir ouvert les voies que je redoute en demandant à des artistes en renom les modèles, je veux dire les cartons, qui servent à ces reproductions. Les à peu près dans l'art ont une déplorable influence sur sa dignité et sur son avenir, et si l'on voulait jeter un coup d'œil en arrière on serait peut-être bien étonné de retrouver aujourd'hui des causes analogues à celles qui préparèrent, sous les derniers empereurs de Rome, la décadence de l'art qui fut de si près précédée de la perversion générale du goût pour les productions de l'art pur.

Ainsi que des chemins de la croix, premiers produits de la lithochromie, puis ensuite pour cause du bon marché, de la lithographie coloriée, il en serait de la peinture murale, de la polychromie de l'architecture, lorsque, par un procédé mécanique qui déjà est trouvé et appliqué sur des assiettes ou d'autres objets de ménage, on fixerait sur les murs de nos édifices les dessins coloriés de nos maîtres reportés sur la lave, et dès lors si savantes et si pures que fussent les lignes magistrales tracées sur les cartons, leur vulgarisation, propagée par l'inintelligente régularité d'une machine qui marche jour et nuit, ne leur laisserait pas plus de valeur que les estampages métalliques dont l'industrie fait accepter les produits jusque dans les habitations luxueuses.

Qu'on ne s'y trompe pas, il reste peu de chose à trouver pour transporter sur la lave des épreuves chromo-lithographiques, et les inventeurs du système n'auraient pas le droit de se plaindre d'avoir été distancés, car ils auraient eux-mêmes abattu la barrière que le respect éclairé pour la production de l'esprit avait élevée entre l'art pur et l'industrie.

C'est en vain qu'on voudrait fermer les yeux sur les désaffections progressives pour l'art, sous quelque forme qu'il se présente. La peinture historique disparaît peu à peu de nos expositions publiques, de même que les grands poëmes n'attirent plus la foule au théâtre, et les efforts de l'état et des administrations semblent plutôt des luttes contre l'indifférence que des satisfactions données aux besoins de l'esprit.

Je sais bien qu'on peut opposer à ces plaintes les œuvres commandées pour décorer nos palais et nos temples, les conseils solennellement adressés aux jeunes disciples de l'art lorsqu'ils reçoivent leurs couronnes, mais je sais bien aussi les préférences du public parmi les innombrables tableaux qui tapissent les murs de nos exhibitions.

La décadence de l'art, les altérations du goût sont peut-être des fatalités périodiquement imposées aux productions du génie, mais il ne faut pas pour cela augmenter sciemment les déclivités qui accélèrent leurs chutes. Le système qui aurait pour résultat d'amoindrir la valeur des œuvres de la peinture, amoindrirait en même temps le respect que l'art a mérité, et bientôt on ne comprendrait plus son rôle dans les progrès de l'humanité.

Mais ce n'est pas ici le lieu de traiter une question de cette importance, et, d'ailleurs, ce ne serait pas à moi à régler la mesure des aliments nécessaires à la double nature qui distingue l'humanité des bêtes. Ce qui me concerne, c'est de combattre l'insouciance avec laquelle on accueille une conquête précieuse pour la peinture, de rassurer les esprits effrayés par d'ignorantes préventions, de paralyser des systèmes qui, sans doute à l'insu de leurs propagateurs, portent un coup funeste, non-seulement à une découverte qu'ils disent aimer, mais à l'art lui-même, et qui ferment aveuglément une porte réouverte avec tant d'efforts.

L'antique peinture murale avait été longtemps oubliée, et si l'on parcourt aujourd'hui nos palais et nos églises, on n'a pas certainement à se plaindre de sa réapparition ; pendant plus longtemps encore la décoration extérieure des édifices avait été abandonnée, et aujourd'hui, qu'elle est armée contre le temps qui en avait effacé les traces, on l'accueille un instant pour la discréditer bientôt après. Et cependant l'instant de son retour était propice.

La ville, qui, à tant de titres, se vante d'être la capitale du monde, se régénère et s'embellit de tous les progrès; elle se pare de toutes les merveilles créées par l'industrie que j'admire quand elle se tient à sa place ; mais c'est en vain qu'on cherche celles qui firent de l'élégante Athènes la patrie des beaux-arts.

Oui, nous avons des rues abondamment aérées, des routes irréprochablement alignées, des distances ingénieusement raccourcies, des maisons dont la blancheur juvénile semble doubler la lumière en renvoyant ses reflets dans les recoins les plus obscurs; mais cette lumière est froide et son éclat de neige n'est pas celui qui, empruntant aux murs du Parthénon les brillantes couleurs dont les peintres les avaient revêtus, se reflétait sur les beaux exemples des dieux et des héros, appelait les regards sur de salutaires instructions, et fournissait ainsi aux esprits fatigués un fructueux repos et un élément au génie qui immortalisa le souvenir du peuple le plus éclairé de l'antiquité.

Dans l'Athènes moderne, la vie est commode et facile, mais les Parthénons sont muets ou, s'ils parlent, ce n'est pas du haut d'une chaire élevée sur la place publique pour s'adresser à tous, c'est dans les sanctuaires où ne pénètrent pas toujours ceux pour qui les enseignements seraient des bienfaits. Je l'avoue, je parle en artiste; mais ce langage n'est pas étranger à la foule, car aux jours de repos elle se presse dans nos musées, et je puis bien regretter l'opinion vacillante qui tantôt veut et tantôt ne veut plus que sur les murs de notre ville se déroulent les pages plus durables que les feuillets périssables auxquels on confie la garde des annales de nos grandeurs. Combien de ces feuillets légers n'ont-ils pas été emportés dans les tourmentes du temps, et, par contre, combien d'obscurités regrettées dans les souvenirs du passé n'ont-elles pas été dissipées par la rencontre fortuite des confidents de bronze restés enfouis pendant des siècles sous les débris des villes? Combien d'autres, dans un avenir qui traversera les catastrophes fatales qui effacent les peuples, ne seront-elles pas éclairées si dans les décombres d'autres Ninives enveloppées comme celle de Sémiramis dans leurs annales peintes, nos successeurs retrouvaient tracés sur les émaux de leurs murs d'autres souvenirs égarés ?

Ainsi que la voix ciselée du bronze, la voix colorée des émaux ne s'éteint pas, et c'est à cause de cela que je demande pour elle un rôle qui lui est obstinément refusé. Ce refus est inintelligent, imprévoyant, honteux, et je suis bien tenté de dire : « Ah ! si le roi le savait ! »

Qu'on me pardonne mes ardeurs en présence d'une insouciance impassible qui nous sera reprochée un jour, si, tenant dans nos mains les moyens d'immortaliser notre histoire et les enfantements de notre art, nous les laissions échapper.

Qu'on me pardonne mes colères contre des expédients stériles qui n'ont pas d'autre but que de caresser des paresses amies et d'autre résultat que d'acheter, au détriment de l'art, un repos qui, vraiment, n'est pas menacé.

J'ai dit et je soutiens que l'emploi d'un système qui scindrait l'exécution d'une œuvre de peinture compromettrait son mérite ; que ce système, appliqué à la décoration des édifices appellerait sur elle le dédain et j'ajoute, en m'adressant aux auteurs de ce système, que des témoignages d'intérêt accordés aux premiers débuts de la peinture en émail sur lave ne donnent pas le droit de la détourner de son but et de la déshonorer.

Ce n'est pas pour l'amener à ce point que j'ai, pendant bientôt vingt ans, veillé sur sa conservation et sur son avenir, et que, pour la défendre, je me suis exposé plusieurs fois à me servir d'une arme dont je n'ai pas l'usage et dont je connais le danger.

Un spécialiste m'a dit un jour, pour m'en blâmer peut-être, qu'un artiste devait écrire plutôt avec le pinceau qu'avec la plume; mais il ne s'agit pas ici d'une œuvre littéraire, mais de questions où le pinceau ne suffit pas. J'ai donc pensé que celles que je viens de traiter réclamaient l'une et l'autre, et j'accompagne cet écrit incomplet mais sincère d'un exemple que je livre à l'examen du public dont l'opinion, plus puissante que la force d'inertie qu'on m'oppose, décidera si la peinture en émail sur lave doit être honteusement chassée du domaine de l'art.

Maintenant, un mot encore en présence d'un nouvel exemple de la peinture en émail sur lave. Je l'adresse particulièrement à mes confrères qui peut-être voudront connaître la méthode que j'ai suivie. Mais je ne veux pas, à cette occasion, faire un traité complet du procédé que dejà j'ai décrit en 1851 dans *la Revue générale de l'architecture et des travaux publics*. Je suppose qu'ils l'ont lu ou j'espère qu'ils le liront, si la question les intéresse après ce que je viens d'en dire. D'ailleurs, je me suis proposé de publier dans un petit livre l'exposé des divers procédés applicables à la peinture murale. Celui de la peinture en émail sur lave y trouvera naturellement sa place.

La palette du peintre sur lave est plus riche, peut-être, que celle du peintre à l'huile. Cependant elle est privée du cinabre et du vermillon qui sont remplacés par des rouges moins vifs et de valeurs différentes. Les couleurs sont mêlées à du verre porphyrisé qui n'altère pas leur éclat lorsqu'elles sont exposées au feu; le verre en poudre se liquéfie, enveloppe les molécules des couleurs et les fixe sur l'émail. Avant d'avoir subi l'action du feu, l'œuvre a l'apparence d'une peinture à la fresque ou à l'eau encollée. Dans cet état, elle peut être impunément retouchée, à la condition d'enlever ce qui doit être refait; après sa sortie des fourneaux, la coloration a pris une intensité semblable à celle d'une détrempe vernie, à l'exception toutefois de la couleur locale des chairs, qui disparaît presque entièrement et ressemble à une ébauche en grisaille.

Dans ce premier travail, qui est réellement une ébauche, les couleurs sont mêlées à du blanc et ainsi employées sous forme de pâte onctueuse que l'on dépose sur la plaque émaillée de lave, à l'aide de brosses semblables à celles qui sont en usage dans la peinture à l'huile. Chaque couleur, chaque ton doivent être mis à leur place, et on les fond ensemble à l'aide de blaireaux dont on les frappe perpendiculairement à petits coups répétés et qu'on promène ainsi autant qu'il est besoin. Ce travail est excessivement rapide et ses résultats délicats permettent de modifier et de perfectionner par des glacis ajoutés à frais la coloration et le modelé. Il suffit, pour cela, de charger légèrement, avec des couleurs pures, des blaireaux appropriés à l'espace que l'on veut retoucher. Les tons rosés de la chair sont très-sensibles au feu qui, ainsi que je viens de le dire, les dévore dans l'ébauche. Mais, outre que le travail que je viens de décrire est une étude profitable aux retouches ultérieures, il est tellement agréable que l'on ne peut guère se soustraire à l'entraînement de le faire.

Après ce premier feu, qui doit être le plus ardent afin de parfondre les couleurs les plus dures, on procède à la retouche qu'on appelle le second feu.

Si les empâtements de l'ébauche ont suffi pour donner aux objets reproduits l'apparence d'une opacité désirée, on n'a plus recours qu'à des glacis, comme on le fait à l'huile, et le second feu, plus doux, rend fidèlement le travail qu'on lui a confié.

Si, au contraire, on n'est pas satisfait de l'ébauche, on peut réempâter de nouveau ou procéder par des demi-pâtes, et je dois dire que, dans tous les cas, ce complément de travail est très-favorable à la belle exécution d'une œuvre. Mais cette retouche ne suffit pas pour assurer l'harmonie et la finesse de la coloration ou de l'effet général. Il faut, si l'on est jaloux de son œuvre, recourir à un troisième feu pour lequel on opérera comme je viens de l'indiquer à propos des retouches en glacis. — J'ajoute comme avertissement, et parce que j'en ai fait l'expérience, que l'on peut recourir encore à une quatrième recuisson, c'est-à-dire à une quatrième reprise, ce qui arrive communément dans le procédé de l'huile.

Je regrette de ne pouvoir plus citer l'exemple des peintures du porche de Saint-Vincent-de-Paul, dont certainement le souvenir est altéré. J'aurais dit que le tableau de *la Trinité* n'avait reçu que deux feux, le premier pour l'ébauche, le second pour les glacis; que les six autres en avaient reçu trois, et que les feux, présentés comme si redoutables et si capricieux, ne m'avaient pas paru tels, puisque je n'avais pas reculé devant la nécessité, imposée par l'étendue des tableaux, de peindre sur deux plaques exposées à deux recuissons différentes la figure d'Ève coupée dans sa hauteur par un joint, et que les deux parties réunies d'une coloration assez délicate étaient restées parfaitement homogènes.

Le tableau de la madone que j'expose aujourd'hui a été quatre fois mis au feu parce qu'il est sous les yeux et à proximité de la main.

L'ébauche, ou le premier feu, a été exécutée, ainsi que je l'ai dit plus haut, au moyen d'empâtements; le second, par des demi-pâtes; le troisième, par des glacis; le quatrième, par des glacis complémentaires.

En général, tout artiste qui sait conduire des couleurs à l'huile sur la toile, sur un panneau, sur un mur, possédera toute l'habileté nécessaire pour mettre en œuvre les couleurs de la peinture en émail sur lave. Sans doute la différence des véhicules, les essences au lieu de l'huile, lui imposeront une certaine expérimentation préalable, afin de mesurer son travail à la rapidité de l'évaporation des essences; mais cela n'est pas un obstacle sérieux, et j'en connais plusieurs qui n'ont pas hésité à accélérer par des résines la dessiccation des huiles et à accepter les exigences de la peinture à la cire. Quant aux prétendus caprices des couleurs et du feu, ils sont purement imaginaires. Une couleur éprouvée par le marchand qui la livre mélangée de poudres de verre, ne se comporte pas différemment entre ses mains et celles des artistes, et le feu suit constamment ses lois naturelles. L'artiste n'a pas plus à s'occuper de ces questions que de celles qui concernent l'impression des toiles ou des murs, la fabrication des couleurs, les purifications et les préparations des huiles et des vernis.

D'ailleurs, s'il éprouvait quelques appréhensions, il peut toujours, sans recourir aux fameuses opérations chimiques dont on s'efforce de l'effrayer, disposer des touches de couleur sur un fragment de lave et les envoyer au feu, et il peut être certain que le résultat sera identique à celui qu'il obtiendra sur son tableau.

Au reste, comme dans tous les procédés, le meilleur enseignement est celui qu'on reçoit en voyant opérer, et j'offre à mes confrères de le faire sous leurs yeux. Qu'ils ne craignent pas d'être importuns ; pour les rassurer à ce sujet, je leur dis bien sincèrement que moins de deux heures suffiront, non-seulement pour les éclairer, mais pour exécuter eux-mêmes un fragment de peinture dans ce court espace de temps.

D'ailleurs, ils ont un exemple, je ne dis pas un modèle, à consulter dès à présent, et j'espère qu'il suffira pour les convaincre que tous les bruits répandus sur les difficultés de l'emploi de la peinture en émail sur lave ne sont que des erreurs créées par l'inexpérience, ou, ce que je ne voudrais pas croire, que des préventions répandues dans une intention hostile à une découverte dont ils peuvent apprécier la valeur.

FIN

Paris. — Imprimerie A. Wittersheim, rue Montmorency, 8.

DU MÊME AUTEUR :

DE LA

PEINTURE RELIGIEUSE

A L'EXTÉRIEUR DES ÉGLISES

A PROPOS DE L'ENLÈVEMENT DE LA

DÉCORATION EXTÉRIEURE

DU PORCHE

DE SAINT-VINCENT-DE-PAUL.

www.ingramcontent.com/pod-product-compliance
Ingram Content Group UK Ltd.
Pitfield, Milton Keynes, MK11 3LW, UK
UKHW022130170726
13837UKWH00003B/1471

9 782019 965471